les OISEAUX D'ÉTÉ

Les dessins de la couverture et ceux de l'intérieur sont de Joanne Ouellet.

Maquette de la couverture : Serge April

ISBN 2-7609-4512-X

© Copyright Ottawa 1981 par les Éditions Leméac Inc.
Dépôt légal — Bibliothèque nationale du Québec
3e trimestre 1981

Imprimé au Canada

MICHEL NOËL

les
OISEAUX D'ÉTÉ

récit montagnais

illustrations: JOANNE OUELLET

Leméac

*En hommage à mes amis
Hugo, Félix-Antoine et Rosalie*

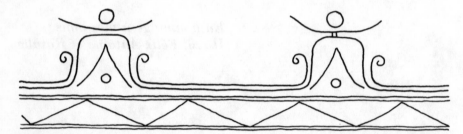

La courbe est la figure géométrique dominante de l'art décoratif des peuples algonquiens. L'Amérindien estime que toutes les choses de l'univers tendent à être rondes, et que la vie et les pouvoirs des êtres sont générés par le cercle sacré. Il croit à l'alternance de ce qui existe, et ses motifs sont répétitifs. Il puise son inspiration en observant le jour et la nuit, le soleil et la lune, et les animaux migrateurs, qui se succèdent régulièrement et reviennent à intervalles réguliers.

PRÉFACE

Les récits de l'imaginaire se sont fixés dans la mémoire populaire aussi solidement que ceux de l'histoire ; il faut plus que des siècles pour les faire sombrer dans l'oubli. Pourtant, ils ne bénéficient pas, contrairement aux faits vécus, du support de l'écriture pour assurer leur transmission des siècles durant. Ils ne possèdent pas non plus l'avantage d'appartenir à une expérience passée arrêtée dans le temps. Mais n'est-ce pas là un trait caractéristique de la mentalité populaire : se charger de conserver et de transmettre les récits irréels dont elle a besoin pour se projeter dans un monde fantastique ? Et lorsque ces fables se font le véhicule d'une philosophie de vie faisant force de loi sur les plans religieux, culturel, social et scientifique, comme cela arrive chez les Amérindiens, elles deviennent des guides indispensables à l'existence.

La communication verbale présente aussi cette particularité de mettre en cause des moyens de transmission plus sensibles que ne le fait l'écriture. La réminiscence d'un conte parcouru dans un imprimé ne s'enrichit pas du souvenir d'une figure humaine chargée d'en animer le récit.

Chez les Amérindiens, à cause de leur genre de vie, la passation des récits de la littérature se perpétue intensément au sein de groupes minoritaires homogènes isolés; et les descendants demeurent beaucoup plus près des traditions familiales que les enfants apprenant tôt à s'insérer individuellement au sein des institutions de la culture savante.

N'eussent été, entre autres, ces caractéristiques associées à la transmission du savoir traditionnel, les relations orales de faits imaginaires ne subsisteraient plus chez les Montagnais de la Côte-Nord.

Ces récits du génie amérindien, que nous font connaître davantage depuis quelques années les travaux de spécialistes dont Bernard Saladin d'Anglure, Rémi Savard et maintenant Michel Noël, ont conservé leurs structures d'origine mieux que les contes de tradition indo-européenne relevés au Canada français. La cause en est probablement que ces mythes amérindiens, enracinés dans leur milieu naturel, n'ont pas encore perdu toute leur fonction d'excitant; tandis que chez les Québécois, les récits oraux ne sont plus qu'objets de curiosi-

té issus des «*Vieux Pays*», et que l'on rassemble à travers une *Amérique encore en devenir*.

Jean-Claude Dupont
CÉLAT
Faculté des lettres
Université Laval

Motif dit «à double courbe», très répandu chez les Algonquiens. Il
se compose essentiellement de deux lignes incurvées identiques qui se
font face, comme si un côté constituait le reflet de l'autre dans ses
moindres détails. L'Amérindien croit que l'âme est l'ombre de l'homme, et que pour toute chose, même un motif décoratif, il existe une
contrepartie identique.

REMERCIEMENTS

Je tiens à remercier d'une façon toute spéciale M. Jean-Claude Dupont qui, depuis de nombreuses années, me conseille dans mes recherches et surtout m'encourage à les poursuivre.

Je veux lui témoigner aujourd'hui toute mon amitié et mon estime.

J'adresse aussi mes remerciements à Mad. Andrée Paradis, qui a revu la forme littéraire du manuscrit des *Oiseaux d'Été* et à Mad. Thérèse Métayer qui en a fait la dactylographie soignée.

Les dessins sont tous de Joanne Ouellet. Ils ont été faits à partir des sources suivantes:
— des objets appartenant à des collections privées;
— des descriptions littéraires recueillies dans des documents des XVIe et XVIIe siècles;
— des illustrations déjà parues dans des recherches scientifiques.

13

Lorsque la chose est possible, nous précisons dans la liste des illustrations les sources d'inspiration ou le propriétaire de la collection où fut emprunté l'objet utilisé.

Motif à double courbe, à l'intérieur duquel l'artisane trace des formes géométriques ou florales dictées aux hommes par les Esprits. Ceux-ci leur parlent par l'entremise des songes, et leur transmettent des motifs décoratifs dont ils deviennent propriétaires. Chaque Amérindien possède un motif personnel sacré qu'il garde secret.

AVANT-PROPOS

Les mythes, les contes et les légendes sont des œuvres fort complexes, faites pour être racontées et écoutées, non pour être lues. Cette littérature orale n'est malheureusement pas accessible à tous, et seuls quelques spécialistes, ethnologues ou anthropologues, ont accès aux archives où elle est consignée.

Afin qu'un plus grand nombre d'intéressés puissent bénéficier de la richesse du folklore spirituel d'un peuple, il devient donc nécessaire d'en transcrire les enregistrements sonores, donnant ainsi une forme écrite à une œuvre qui, au départ, appartenait essentiellement au domaine de la parole.

Pour sa part, le lecteur qui veut vraiment apprécier un mythe devra, littéralement, y prêter l'oreille, c'est-à-dire se montrer attentif au thème, aux épisodes et à toute la sonorité: chants d'oiseaux, battements d'ailes, course des caribous, écho dans la montagne, etc.

Claude Lévi-Strauss compare d'ailleurs les structures des mythes à l'organisation interne d'œuvres musicales : le thème central s'y développe soit en sonate — qui est une pièce instrumentale en de multiples mouvements lents puis rapides, où il y a peu d'exécutants —, soit en une symphonie à grand déploiement, soit en rondeaux qui reprennent des mouvements, ou même en toccata sans forme fixe. Les mythes renfermeraient donc une structure analogue à celle de la musique, et chacun s'apparenterait à un genre musical bien connu.

Ainsi, *les Oiseaux d'Été* apparaît comme une fugue où un groupe en poursuit un autre, après l'avoir cherché longuement. La poursuite s'engage, et les opposants finissent par se rencontrer pour faire des échanges. C'est alors la strette, c'est-à-dire la partie de la fugue qui précède la conclusion. Puis vient la grande finale.

La lecture d'un récit doit se faire

> non seulement de gauche à droite, mais aussi à la verticale, de haut en bas. Il faut prendre chaque page comme un tout. Et ce n'est qu'en abordant le mythe comme s'il était une partition musicale, écrite portée par portée, que nous pourrons le saisir dans sa totalité et en extraire la signification [1]. [N. du t., en anglais dans le texte.]

---

1. Claude Lévi-Strauss, *Myth and Meaning*, p. 45. [Voir la bibliographie placée à la fin du présent ouvrage.]

Motif gravé sur un panier en écorce de bouleau, pour l'imprégner d'une force surnaturelle et s'assurer qu'il sera toujours rempli de nourriture. Les branches de l'arbre sont incurvées vers la terre nourricière, mère des femmes et des hommes. Elles se terminent par des cercles sacrés générateurs de vie.

TABLE DES MATIÈRES

Motifs géométriques où les losanges se répètent en symétrie, l'un à la suite de l'autre, à l'intérieur de deux lignes parallèles. Ces figures représenteraient un troupeau de caribous suivant un sentier bien délimité. Le caribou se trouvait à la base de l'alimentation des Montagnais; ils le vénéraient comme un animal sacré.

INTRODUCTION

LES MONTAGNAIS

Les Montagnais font partie de la grande famille culturelle des Algonquiens de l'est qui étaient, au cours de la préhistoire et même jusqu'au XVIIIe siècle, des chasseurs nordiques essentiellement nomades. Durant l'été, la plupart habitaient sur la rive nord du Saint-Laurent, regroupés en petites bandes ; ils gagnaient l'intérieur des terres pendant la saison froide.

Leur cycle annuel se modelait sur les déplacements des animaux migrateurs qui constituaient la base de leur régime alimentaire : caribous, outardes, saumons et anguilles.

Porcs-épics, castors, orignaux, ours noirs, phoques et coquillages variés leur servaient de nourriture d'appoint ; les framboises, bleuets et autres petits fruits, cueillis en saison, agrémentaient alors leur menu.

L'hiver, les Montagnais vivaient par petits groupes de quinze à vingt personnes qui se déplaçaient continuellement à la recherche de nourriture. Dès que les animaux se faisaient rares, les hommes partaient à la recherche d'endroits plus propices à la chasse; les femmes transportaient sur leur dos ou tiraient dans de longs toboggans toute la batterie de cuisine en écorce de bouleau, la literie en fourrure, les outils en pierre, en bois et en os, les vêtements en cuir fumé, les parois de la tente en peaux, et tous les autres objets appartenant au clan et indispensables à sa survie.

Y avait-il un enfant en bas âge? Il se retrouvait lui aussi sur le dos de la mère, confortablement emmailloté dans un ber fait à sa mesure.

L'été, les clans revenaient vivre sur les rives du lac Saint-Jean ou sur la côte du Saint-Laurent. La vie devenait alors beaucoup plus facile, et le temps se passait à pêcher, à chasser, à danser et à chanter au son des tambours.

C'est au cours de l'été que se déroulaient les fréquentations, et de nouveaux groupes se formaient en prévision des déplacements qui s'effectueraient l'hiver d'après.

Avec les Mic-Macs, les Montagnais ont été parmi les premiers autochtones à rencontrer les pêcheurs européens et à fraterniser avec eux.

Le tikinagan est un ber en bois et en cuir dans lequel la mère transporte son bébé lors des déplacements à pied ou en canot. Les Amérindiens croient que les étoiles sont des âmes qui attendent de venir sur la terre ; ils expliquent aux enfants qu'ils naissent dans les nuages. Les bers sont décorés d'effigies d'animaux qui doivent donner de la force à l'enfant et assurer sa protection en tout temps.

25

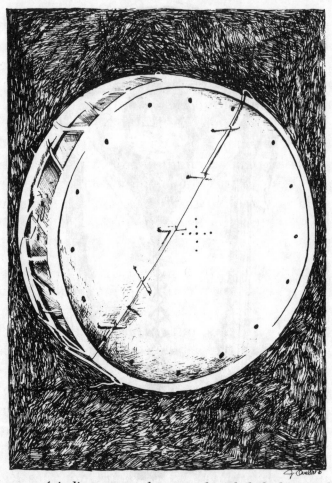

Le tambour amérindien est rond comme le soleil, la lune et la terre. Dans son anneau sacré, le chasseur fait vibrer la peau tendue du caribou. Son message, rythmé sur les battements du cœur humain, est diffusé aux quatre points cardinaux représentés par les pointillés en croix. C'est ainsi qu'il s'adresse au Maître des Caribous pour implorer sa générosité et sa bienveillance lorsque les hommes chasseront les animaux placés sous sa protection.

26

En 1600, un poste de traite fut créé à Tadoussac, en plein territoire montagnais et à l'embouchure de la principale voie commerciale de l'époque, le Saguenay. À peine trois ans plus tard, Champlain, comprenant la situation stratégique des Montagnais dans la traite des fourrures, se rend à Tadoussac pour convaincre ce peuple de s'allier à lui dans sa lutte contre les Iroquois, leurs ennemis communs. Il en profite aussi pour raffermir d'importants liens commerciaux avec les Montagnais de la Côte-Nord, qui, à cause de leur position géographique particulière, étaient certainement les principaux pourvoyeurs de fourrures de l'époque.

À la suite de cette rencontre, les missionnaires et les explorateurs sillonneront le territoire des Montagnais dans tous les sens. «Vers le milieu du mois de juillet 1647, nous le savons par sa *Relation*, le père Jean De Quen a passé par Chicoutimi pour gagner le pays des Porcs-Épics [lac Saint-Jean][1].» Dès le mois d'octobre 1673, le bateau de «Nicolas Juchereau de Saint-Denis quittait les Islets de Jérémie pour s'engager dans la rivière Saguenay et la remonter jusqu'à Chicoutimi[2]».

Au moins quatre religieux se trouvaient à bord; entre autres, François de Crespieul, dont les *Relations* traitent abondamment de ses expériences en milieu montagnais.

---

1. Lorenzo Angers, *Chicoutimi, poste de traite 1676-1856*, p. 11.
2. *Ibid.*, p. 12.

Le bateau transportait également un riche et influent marchand de fourrures de l'époque, le sieur Charles de Bazire. Le commerçant effectuait le voyage pour étudier sur place s'il était rentable de remplacer le poste de traite de Tadoussac par un autre situé à l'intérieur des terres, au cœur du territoire des Montagnais.

À leur arrivée à Chicoutimi, deux cents Indiens les accueillirent en les acclamant. Charles de Bazire en fut très impressionné. Trois ans plus tard, soit en 1676, on érigeait les premiers bâtiments du futur poste de traite de Chicoutimi.

Les activités économiques et religieuses demeureront intenses en milieu montagnais jusqu'à la conquête de 1760. Au cours des années qui vont suivre, le commerce des fourrures se déplacera de plus en plus vers l'Ouest canadien. Missionnaires, commerçants et voyageurs auront les yeux ailleurs, et les Montagnais retrouveront dans une certaine mesure le rythme de leur vie traditionnelle.

Cette paix sera cependant de courte durée. Au début du XIXe siècle, les fourrures sont remplacées par le bois en tant que valeur commerciale. Les bûcherons de la Malbaie envahissent alors le territoire, comme l'avaient fait les traiteurs et les coureurs des bois deux siècles plus tôt. De vastes territoires, jusqu'alors inaccessibles, s'ouvrent à la colonisation, et des habitants s'installent avec leurs familles sur les terres agricoles les plus riches.

Pour les missionnaires, c'est un nouvel élan : ils entreprennent une seconde croisade auprès des Montagnais. Cette fois-ci, l'objectif poursuivi est de sédentariser les autochtones en les regroupant dans des villages ou sur des réserves. Les religieux sont secondés dans leur tâche par les gouvernements, qui construisent des églises et des écoles autour desquelles s'organise un nouveau mode de vie.

Plus de chasse, plus de vie errante possibles : les animaux à fourrure sont rares et de moindre valeur ; les bûcherons ont abattu des forêts entières ; et les colons habitent les meilleures terres.

Les réserves surgiront donc une à une, échelonnées le long du fleuve, souvent en des endroits où les Montagnais de la préhistoire se retrouvaient l'été.

Pointe-Bleue, à 3 km au nord de Roberval, fut créée en 1851 ; les Escoumins, à 40 km au nord-est de Tadoussac, en 1892 ; Betsiamites, à 61 km au sud-ouest de Baie-Comeau, en 1861 ; Sept-Îles et Maliotenam en 1949.

Plusieurs réserves sont d'ailleurs assez récentes : celle de Schefferville fut habitée à partir de 1961 seulement ; Mingan, située à 40 km à l'ouest de Hâvre-Saint-Pierre, date de 1963 ; Natashquan fut reconnue réserve en 1952, La Romaine en 1949, et Saint-Augustin, au début des années 1970. « En 1971 on sédentarise la bande de Saint-Augustin, les derniers nomades de l'Amérique du Nord[3]. »

Les Montagnais, comme leurs voisins immédiats les Cris et les Naskapis, avaient une vie spirituelle d'une grande intensité. De nombreux témoignages anciens et actuels soulignent la complexité et la richesse des rites traditionnels et des cérémonies religieuses de ces peuples nomades. Ils avaient, entre autres, considérablement développé toutes les facettes du folklore spirituel ; l'ethnologue Rémi Savard distingue chez ces autochtones deux genres de littérature orale, soit le « atenogan » et le « tahadjimunn ».

> Le premier renvoie à des récits d'aventures dont le conteur, aussi bien que chacun des auditeurs, aurait vraisemblablement pu être l'acteur. Le second s'applique à des récits d'événements survenus avant même que l'humanité existe sous sa forme actuelle[4].

Le récit *les Oiseaux d'Été* se présente comme un « tahadjimunn » d'une grande richesse. Il fait la synthèse d'une philosophie de vie où tout doit s'inscrire dans un grand cercle sacré.

3. Sagmai, *À la file indienne*, p. 22.
4. Rémi Savard, *Destins d'Amérique*, p. 45.

Motif géométrique qui illustre bien la symétrie des motifs décoratifs des Montagnais : la partie du haut est une réplique exacte de l'autre, comme si elle se reflétait dans un miroir. Chez certains peuples autochtones, âme, ombre et miroir sont des synonymes.

L'arbre, dans l'imagerie populaire amérindienne, représente la vie et l'unité. Il fait le lien avec les principales forces qui agissent sur le monde : les puissances souterraines, les Esprits qui vivent dans les cieux et les forces qui circulent sur la terre.

LES OISEAUX D'ÉTÉ

Il aperçut soudain une ombre immense qui avançait rapidement sur la neige, en direction de la tente.

Premier épisode :
L'Enfant abandonné

« Il faut que nous abandonnions notre fils ; il a trop de poux [1]. Partons pour le territoire de chasse. Les caribous seront bientôt là. »

Voilà ce que disait la Mère de l'Enfant dévoré par les poux. Le Père donna son accord. Dès le lever du soleil, alors qu'il faisait encore très froid, le mari commença à charger les bagages sur le toboggan. Sa femme l'aidait en apportant lentement mais régulièrement la nourriture mise en réserve, les outils, les armes, les peaux... L'homme prenait les choses une par une, et les mettait chacune à leur place. Puis il attachait solidement la charge avec des babiches [2].

1. Le pou est un animal qui mange l'homme.
2. Courroies en cuir de caribou.

« Maman ! Je voudrais mettre mes bas ! Maman ! Je ne trouve pas mes bas ! Où sont mes bas ? » criait l'Enfant en se grattant furieusement la tête à deux mains.

Il était resté seul sous la tente.

« Attends, je n'ai pas encore terminé mon travail, lui criait-elle.

— Maman ! Mes bas ! Je veux mettre mes bas ! insistait-il.

— Attends ! Sois patient ! Je dois d'abord chausser mes raquettes. Tu pourras mettre tes bas plus tard. Laisse-moi tirer le toboggan un bout de chemin, pour voir si la charge tient bien. »

Les parents en profitèrent pour s'éloigner rapidement. L'Enfant les vit disparaître à l'horizon par le triangle clair de la petite porte restée ouverte. Pris de panique, il se mit à courir derrière eux en pleurant, les pieds nus sur la glace et dans la neige. Il faisait si froid qu'il dut sans tarder venir se réchauffer sous la tente. Assis par terre, il pleurait de plus en plus, en se frottant les pieds et en se grattant la tête. Il aperçut soudain une ombre immense qui avançait rapidement sur la neige, en direction de la tente. Bientôt, un géant apparut. Il se fit petit, et entra rejoindre l'Enfant qui avait très peur.

« Maman ! Maman ! Au secours !

36

— N'aie pas peur. Je suis Mistapéo[3], ton Grand-Père. »

L'Enfant se calma, car il savait que Mistapéo était bon pour les humains.

« Que fais-tu là, assis dans la tente ? Pourquoi tes parents t'ont-ils laissé seul ici ?

— Ils sont partis à la chasse aux caribous sans moi. Je suis seul, sans nourriture et sans feu. Et je suis dévoré par les poux.

— Ce n'est pas là une raison suffisante pour abandonner mon Petit-Fils. Viens près de moi. »

---

3. Mistapéo est un bon géant qui aime les êtres humains et qui leur vient parfois en aide, contrairement à Acen, qui est un monstre anthropophage.

Un peu plus tard, ils aperçurent un porc-épic adulte.

Deuxième épisode:

L'écologie

Mistapéo entreprit d'épouiller l'Enfant. Il enleva tous les poux un à un; mais il laissa un mâle, une femelle, un jeune pou et une lente, pour assurer la reproduction de l'espèce [1].

Quand l'Enfant aux pieds nus fut épouillé, Mistapéo le mit au chaud dans une de ses immenses mitaines de fourrure. Ils partirent tous les deux à la recherche des parents.

L'Enfant avait faim, car sa Mère était partie

---

1. Mistapéo se préoccupe toujours de la conservation des plantes et des animaux.

sans lui donner à manger. En cours de route, les deux voyageurs virent un jeune porc-épic[2].

«Tue-le, Grand-Père! Ensuite, je le ferai rôtir au bout d'une corde pour toi[3].

— Non! Il est encore trop jeune. Nous en trouverons bien un autre en chemin...»

Un peu plus tard, ils aperçurent un porc-épic adulte. Mistapéo le tua et le mit dans son sac en prévision du repas du soir.

À la tombée du jour, ils firent un feu et l'Enfant mit l'animal à rôtir au bout d'une corde.

«Il est cuit maintenant, dit Mistapéo à son Petit-Fils. Tu peux manger à ta faim!

— Toi, Grand-Père, quelle partie veux-tu? Tu seras servi le premier et tu mangeras ce que tu voudras.

— Ne me donne pas de viande: si j'en prenais, les hommes perdraient l'envie d'en consommer. Je ne

---

2. La chair du porc-épic est très appréciée. Les hommes roulent d'abord l'animal dans les tisons rouges, pour le débarrasser de ses piquants, puis ils en font rôtir la viande.

3. Cette technique traditionnelle de cuisson s'appelle *ha-kapwa-n*, en langue montagnaise. L'animal est suspendu par les pattes au bout d'une corde soigneusement tordue. La chair cuit uniformément, car la carcasse tourne doucement sur elle-même au-dessus d'un feu. La graisse, recueillie dans un récipient placé sous l'animal, sera consommée aussi.

40

veux pas leur enlever cette nourriture. Donne-moi les poumons du porc-épic, car les hommes ne les mangent pas[4]. »

Mistapéo mangea les poumons du porc-épic.

À la fin du repas, l'Enfant ramassa les os et les jeta au feu, pour s'assurer qu'aucun animal ne s'en nourrirait. Si cela arrivait, l'esprit du poc-épic serait offusqué, et plus aucun ne se laisserait tuer par les chasseurs[5].

Pour finir, l'Enfant sirota la graisse chaude du porc-épic recueillie pendant la cuisson[6].

4. Les personnages mythologiques ne mangent pas la nourriture des humains.
5. Il s'agit d'un principe écologique et d'une croyance religieuse.
6. La graisse, considérée par les Amérindiens comme un excellent breuvage, est consommée lors des principaux rites religieux.

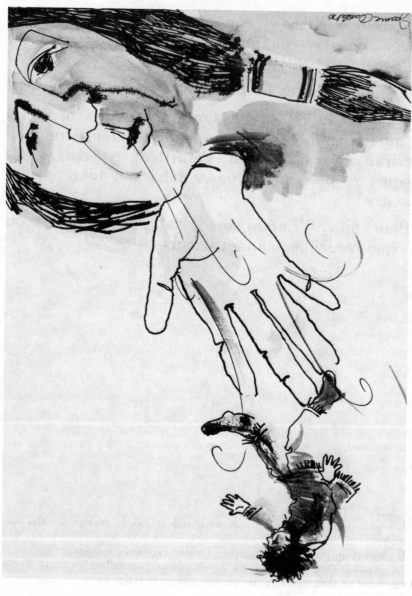

Sans dire un mot, Mistapéo prit son petit-fils, le déposa dans la paume de sa main et souffla doucement dessus.

Troisième épisode :

Le sort

Ils marchèrent longtemps. Puis ils arrivèrent au nouveau campement des parents. Le Père et la Mère venaient tout juste de terminer la construction de la nouvelle tente.

Mistapéo s'assit sur un tas de bois de chauffage, pendant que l'Enfant pénétrait dans la maison.

« Notre fils est de retour ! s'écria le Père. Comment as-tu fait pour nous trouver ? Qui donc t'a ramené ?

— C'est Mistapéo, mon Grand-Père ! C'est avec lui que je suis venu jusqu'ici. »

Le Père sortit pour rencontrer Mistapéo. Celui-ci lui reprocha sévèrement d'avoir abandonné son Enfant. Il lui ordonna d'agrandir sa maison sur le côté pour qu'il puisse y loger. Cela fut fait rapidement.

Mistapéo s'installa à l'intérieur, en position assise, les jambes repliées sous lui, le corps bien droit.

Tous les jours, l'Enfant épouillé suivait le Père à la chasse aux caribous, tandis que la Mère restait à la maison pour fumer la viande, gratter les peaux, coudre les vêtements, entretenir le feu, préparer les repas...

Mistapéo refusait toujours de manger du caribou ou toute autre viande que les chasseurs rapportaient à la tente. Chaque fois qu'on lui en offrait, il disait qu'il ne voulait pas en priver les générations humaines futures. Il se contentait des poumons que l'Enfant lui faisait griller sur un bâton à rôtir[1].

Un jour, le géant, qui avait le pouvoir secret de lire dans l'esprit des humains, surprit les pensées de la Femme posées sur lui.

La Femme se disait qu'elle trouvait étrange de voir Mistapéo toujours assis sur ses jambes, dans le coin de la tente, comme s'il était un oiseau dans son nid, en train de couver. Elle se demandait où il pouvait bien excréter, puisqu'il ne sortait jamais de là.

---

1. Technique de cuisson qui consiste à faire rôtir des aliments au-dessus des braises, après les avoir piqués au bout d'un bâton pointu. Celui-ci sert de broche que l'on tient dans ses mains ou que l'on fiche en terre.

Mistapéo se fâcha et dit brusquement à la Femme :

« À cause de tes pensées, je vais quitter l'Enfant. Je vous le laisse ! Mais écoute bien ce que je vais te dire : en revenant à la maison, quand il verra que je suis parti, il se mettra à pleurer ; et personne ne pourra plus le consoler ni l'arrêter ! »

Et Mistapéo partit à grands pas vers le Sud.

Le soir, les chasseurs revinrent comme d'habitude, chargés de viande de caribou. L'enfant entra dans la tente en criant :

« Grand-Père ! voici des poumons de caribou pour ton souper. »

N'obtenant pas de réponse, il se met tout de suite à chercher et à crier.

« Grand-Père ? Où es-tu ? Je t'apporte des poumons frais ! Grand-Père ? »

Il vit la Mère, un peu à l'écart, occupée à cueillir du bois sec. Elle faisait comme si rien n'était.

« Mère, où est Grand-Père ?

— Il vient de nous quitter. Il est parti par là... » Sa main droite indiqua le Sud.

L'Enfant se mit à courir de toutes ses forces dans la direction indiquée par la Mère. Il ne tint aucun compte des cris de ses parents, qui voulaient à tout prix l'empêcher de rejoindre Mistapéo. L'Enfant finit par le retrouver.

Sans dire un mot, Mistapéo prit son Petit-Fils, le déposa dans la paume de sa main et souffla doucement dessus. L'Enfant s'envola comme une plume jusqu'au fond de la tente, où il tomba en pleurant dans le nid maintenant inoccupé de Mistapéo.

Il pleurait sans cesse, jour et nuit, assis dans le nid. Ses parents pensaient devenir fous. Il n'y avait plus de caribous, et le Père soupçonnait l'Enfant d'éloigner les animaux avec ses pleurs.

Un matin, à bout de force et de patience, ils lui demandèrent :

« Que veux-tu ? Qu'aimerais-tu que nous te donnions ? Qu'est-ce qu'il te faudrait pour que tu cesses de pleurer ? Dis-le-nous ! Nous essaierons de satisfaire tes désirs.

— J'arrêterai de pleurer lorsque je pourrai, avec mon arc, tirer mes flèches sur les Oiseaux d'Été. C'est la seule chose qui pourra me consoler. Je veux les Oiseaux d'Été...

— Bon... ce n'est pas une chose facile... Tous ceux qui s'y sont aventurés ont péri... Mais nous irons tous à la recherche des Oiseaux d'Été. Nous partirons ensemble demain matin. Que ceux qui habitent le pays viennent avec nous. »

Quatrième épisode :

La fugue

Ils partirent très tôt le matin suivant ; ils savaient que la route serait longue et les obstacles, nombreux. Tous les êtres qui sont des animaux faisaient partie du groupe : la Loutre, le Huard, le Caribou, le Pécan, le Renard Blanc et le Hibou, entre autres [1]. La Loutre, toujours aussi frivole, glissait à droite et à gauche, sautait, riait à tue-tête à la moindre occasion. Elle riait tellement qu'à la fin, elle agaçait tous les autres.

Le convoi se mit en marche vers le Sud.

En cours de route, ils virent deux femmes très vieilles et presque aveugles. Elles étaient occupées à fumer de la viande de caribou devant leur tente, et à faire

---

1. Ce sont tous des animaux d'hiver, dans l'éthologie amérindienne.

Aux bruits que faisaient les sabots du caribou dans sa course,
ils surent qu'il était déjà trop tard.

fondre de la neige près du feu, dans un contenant en écorce de bouleau.

«Où allez-vous comme cela? Que cherchez-vous dans cette direction? Nous savons toutes deux qu'il y a un Enfant qui pleure sans arrêt.

— Nous sommes à la recherche des Étés. Nous voulons trouver les Étés et les ramener avec nous. C'est seulement cela qui arrêtera les pleurs de l'Enfant.

— Vous êtes tous bien téméraires. Plusieurs sont passés par ici avant vous, à la recherche des Oiseaux d'Été. Ils ne sont jamais revenus. Votre entreprise est vouée à l'échec, croyez-nous! Nous savons ce que nous disons...

— Vous êtes des femmes d'une grande sagesse, et nous vous respectons. Mais nous devons quand même continuer notre route, car nous avons promis à l'Enfant de lui rapporter les Étés. Nous allons tenir notre promesse. Lorsque la neige fondra autour de votre tente, c'est que nous aurons réussi à capturer les Oiseaux, et que nous serons sur le chemin du retour.

— Voilà qui est bien. Nous allons vous donner des conseils qui vous serviront dans votre entreprise. Vous rencontrerez bientôt Castor Géant. Vous aurez besoin, pour réussir, de la graisse qu'il amasse. Mais soyez prudents: si vous vous moquez de lui, Castor s'en offusquera et ne voudra pas vous en donner.

— Que nous faudra-t-il faire alors?

Ils avaient tous à l'esprit les manières bizarres de la Loutre qui se moquait sans cesse de tout le monde, et qui riait pour des riens.

« Vous devrez alors vous arranger pour couper les cordes qui retiennent le sac de graisse que Castor Géant porte continuellement sur son dos. »

Par précaution, les voyageurs décidèrent sur le champ de régler son compte à la Loutre : ils se mirent tous à la chatouiller. Elle rit d'abord aux éclats ; puis, après un certain temps, elle les supplia d'arrêter. Elle n'en pouvait plus de rire. Elle promit à tous de garder le silence.

Ainsi que l'avaient prédit les deux vieilles femmes, ils arrivèrent bientôt chez Castor Géant qui était en train de faire sa graisse. Il la découpait minutieusement en tout petits morceaux ; à chacun de ses gestes, il lâchait un pet qui grésillait comme un morceau de gras que l'on met au feu. Il pétait tout le temps, et la Loutre se prit d'une irrésistible envie de rire. Les animaux la cachèrent du mieux qu'ils purent derrière eux. La Loutre était pliée en deux et avait très mal aux côtes et au ventre.

Le Caribou et le Pécan se préparaient à prendre la graisse que Castor Géant s'apprêtait à leur donner. Ils étaient en train d'aiguiser leurs couteaux quand la Loutre, qui n'en pouvait plus, pouffa et faillit mourir de rire en se roulant par terre.

50

« Ah ! Ah ! vous vous moquez de moi ! Vous l'aurez voulu : je ne vous donnerai pas de graisse ! Je m'en vais. Vous ne méritez pas mon aide. »

Il emballa la graisse dans un sac qu'il mit ensuite sur son dos, et il partit résolument vers sa maison.

Le Pécan et le Caribou[2] avaient prévu la manœuvre : vite, ils filent vers la maison et se postent de chaque côté de l'entrée, encadrant Castor Géant. Dès que celui-ci eut les épaules engagées dans la porte, d'un seul coup vif, les deux couteaux bien aiguisés coupèrent les courroies du sac de graisse qui tomba à leurs pieds.

Ils avaient fait comme les vieilles femmes leur avaient dit. Castor Géant, qui ne s'était même pas rendu compte de ce qui lui arrivait, disparut dans sa maison.

Avant de repartir, ils lui crièrent :

« Nous allons tous chercher les Oiseaux d'Été. Surveille bien ta rivière gelée : quand son eau jaillira nous aurons réussi. La neige qui couvre les montagnes fondra en eau qui coulera dans ta rivière. Alors tu sauras que nous avons libéré les Oiseaux d'Été, et que nous sommes sur le chemin du retour. »

Puis, s'éloignant de la rivière de Castor Géant, ils entreprirent de se partager un morceau de la grais-

_____

2. Reconnus pour leur vitesse à la course.

se, car ils avaient tous faim. La Loutre voulait en avoir une portion de la grosseur de sa tête[3].

« C'est beaucoup trop pour toi! D'autant plus que tu as failli tout faire rater. Tu n'en mérites pas autant!

— Bon... je me contenterai alors d'un morceau long comme ma patte avant[4]. »

Tous jugèrent que sa demande était juste, et c'est cette part qu'elle reçut sans plus de discussion.

Les deux vieilles femmes avaient mentionné un second obstacle: une montagne qui, de fait, était la jambe avant d'un animal énorme. Jamais personne n'avait vu le reste du corps de ce monstre; nul n'avait franchi cette falaise colossale auparavant. Les deux vieilles femmes avaient recommandé aux voyageurs de frapper le roc de la falaise avec leurs lances. C'est ce qu'ils firent quand ils se trouvèrent devant. La jambe bougea légèrement, ce qui dégagea une toute petite ouverture à sa base.

On fit fondre un peu de la graisse de Grand Castor, pour en enduire le corps du Renard Blanc[5]. Le Renard Blanc se faufila sous la jambe du géant et perça un

---

3. La loutre a la tête grosse par rapport à son corps.
4. Ses pattes avant sont courtes.
5. Le renard, qui vit dans un terrier, est reconnu pour son habileté à se faufiler dans les passages étroits.

52

long tunnel jusqu'à l'autre versant. À sa suite, chacun s'y engagea du plus petit au plus grand, ouvrant ainsi un passage de plus en plus large.

Tous parvinrent donc de l'autre côté de la montagne, au pays où les Oiseaux d'Été étaient gardés en captivité : l'air y était étrangement doux.

Il leur fallait maintenant élaborer un plan pour s'emparer des Oiseaux sans se faire prendre par leurs gardiens, et pour les ramener ensuite avec eux. Ils avaient déjà un bon bout de fait, mais le plus périlleux restait encore à accomplir...

Ils s'installèrent près d'un lac et face au vent, pour ne pas être repérés. Le soir venu, la brise tomba complètement. Les animaux d'hiver voyaient pour la première fois une étendue d'eau qui n'était pas couverte de glace. Ils virent le Rat Musqué, le nez à fleur d'eau, qui nageait à droite et à gauche, à peine perceptible sur le lac. Il faisait sa ronde habituelle, inspectant les environs...[6]

« Il ne faut pas interpeller le Rat Musqué », leur avaient recommandé les deux vieilles femmes.

Le Rat Musqué contourna une pointe de terre et s'approcha doucement de la rive. Chacun, tapi dans les

---

6. Le rat musqué est un petit animal agressif, reconnu pour garder jalousement son territoire et en interdire l'accès à qui que ce soit, peu importe sa taille.

roseaux, retenait son souffle pour ne pas faire de bruit. Mais le Rat Musqué avait déjà flairé leur présence.

«Ah! Ah! Je vous entends! Je sais que vous êtes là. Je vais leur dire qu'il y a des gens sur la rive. Inutile de vous cacher plus longtemps: je vous ai découverts...

— Non! Rat Musqué, écoute-nous et tu seras largement récompensé. Tu dois nous aider... L'Enfant pleure sans cesse... il ne peut plus s'arrêter de gémir. Écoute ce que nous avons tous à te dire...

— Je vais vous rapporter aux Gardiens. Je savais bien que vous étiez cachés dans les roseaux. Je m'en vais tout leur dire à l'instant.

— Nous allons te donner de la graisse à manger... De la bonne graisse dure et ferme... Tiens! En voici un morceau. Goûtes-y!»

Le Rat Musqué attrapa prestement le morceau de gras avec ses griffes et le mangea. Il se lécha ensuite les pattes, et ses griffes devinrent toutes blanches[7].

«Tu as les griffes blanches, Rat Musqué. Maintenant, ils sauront que tu as mangé de la graisse. Tu n'as plus le choix: tu dois collaborer avec nous.

— Je leur ferai croire que ce sont des algues grasses que j'ai mangées sur le bord de l'eau... Je ne leur dirai pas que vous êtes là!

---

7.   Voilà pourquoi le rat musqué a maintenant les griffes blanches.

— C'est bien, Rat Musqué! Nous avons besoin de renseignements que toi seul peux nous donner.

— Que voulez-vous savoir?

— Dis-nous quelles sont les habitudes de ceux qui gardent les Oiseaux d'Été?

— Ils dansent jusqu'à tard dans la nuit au son des tambours, et ne se lèvent que l'après-midi, lorsque le soleil est très haut dans le ciel.

— Qui garde les Étés pendant ce temps-là?

Ce sont deux vieilles femmes qui assurent alors leur garde. Elles restent seules pendant que les autres se reposent d'avoir dansé toute la nuit.

— Une dernière question: où sont cachés les Étés pendant que les gardiens dansent?

— Ils sont gardés dans un sac qui est toujours bien rangé au fond de la grande tente.

— Bon. Voici maintenant ce qu'il te reste à faire pour nous aider à prendre le sac où sont mis les Étés: dès que le soleil de midi plombera sur le lac, tu pousseras sur l'eau un tronc d'arbre ayant encore ses racines et ses branches. Tu le pousseras en direction de la rive, jusqu'aux canots. Rendu là, tu briseras les avirons et tu feras des trous dans l'écorce des canots.

— D'accord, je ferai tout ce que vous voudrez.»

Le soir venu, le Hibou des Marais[8] fut envoyé pour espionner les danseurs et reconnaître l'intérieur de la grande tente. Quand il fut sur place, il glissa son bec dans une fissure de la paroi de la tente, pour mieux voir ce qui se passait à l'intérieur. Comme c'était au milieu de la nuit, les danseurs, avant de se coucher, vérifièrent s'il n'y avait pas de rôdeurs autour de la tente, en passant une torche tout le long de ses murs. Ils brûlèrent alors le bec du Hibou des Marais et sous l'effet de la chaleur, il devint tout blanc[9]. Pour ne pas se faire repérer, le Hibou mit une petite branche d'épinette dans la fente à la place de son bec; puis, vite, il prit son vol silencieux dans la nuit. Il avait eu juste le temps de voir, au fond de la grande tente, le sac plein des Oiseaux d'Été. Personne ne l'avait aperçu... mais il s'était fait blanchir le bec pour le reste des jours...

Le lendemain à midi, tous les animaux étaient prêts à passer à l'action. Le Rat Musqué fit exactement ce qu'on lui avait demandé: il poussa devant lui le tronc d'arbre, brisa les avirons, troua les canots d'écorce de bouleau. Comme il passait devant la tente où les deux vieilles femmes gardaient les Étés, celles-ci, qui n'avaient pas une bonne vue, s'écrièrent:

« Un orignal! Un orignal à la nage! Vite, rattrapons-le! »

---

8. Le hibou est un oiseau reconnu pour voir à la noirceur et pour se déplacer en un vol silencieux.
9. On explique ainsi le fait que le hibou des marais ait le bec blanc.

Elles confondaient la souche et ses branches avec la tête et le panache d'un orignal.

Elles sautèrent dans les canots et partirent sans avirons, car le Rat Musqué les avaient brisés. Les embarcations coulèrent à quelques pieds du rivage. Le Poisson Blanc et la Carpe, restés seuls gardiens du camp, furent rapidement maîtrisés. Pour qu'ils ne puissent pas donner l'alarme, on leur englua la bouche à tous les deux.

Les animaux avaient donc la voie libre pour pénétrer sans bruit dans la tente et s'emparer du sac contenant les Étés. Le Caribou et le Pécan, les plus rapides du groupe, se chargèrent de prendre à toute vitesse le chemin du retour en transportant avec eux le précieux sac.

Alors commença dans la forêt une course effrénée et bruyante.

Le Poisson Blanc et la Carpe avaient réussi à se «désengluer» en se perforant la bouche avec un bâton à rôtir [10].

«Alerte! Alerte! crièrent-ils. Ils ont pris les Oiseaux d'Été. Alerte! Il faut les rattraper. Ils viennent de partir avec les Étés... rattrapez-les! Vite! Vite!»

---

10.   Voilà pourquoi ces deux poissons ont des gueules rondes et visqueuses.

Sans plus tarder, la poursuite s'organisa. Le premier qu'on rattrapa fut le Huard, car il ne court pas vite[11].

« Écrasez-lui les plumes de derrière ! » dirent les poursuivants.

Et ils lui marchèrent sur les hanches.

Le deuxième à être rejoint fut la Loutre, car elle est plus habile dans l'eau que sur la terre.

« Écrasez-lui les hanches et la tête ! »

Et ils lui écrasèrent les hanches et la tête[12].

Le Pécan, voyant approcher les poursuivants, dit au Caribou :

« Continue de fuir avec les Étés. Je vais rester derrière pour les retarder le plus possible. Fuis vers la montagne. »

Le Pécan grimpa jusqu'à la cime d'une grande épinette, tandis que le Caribou courait à droite et à gauche, en sautant par-dessus tous les obstacles[13].

« Nous en avons rattrapé un autre. Venez tous près de la grande épinette. Je le reconnais : c'est le

---

11. Le huard est un oiseau aquatique qui se déplace lentement, lorsqu'il est sur la terre : il éprouve alors de la difficulté à se maintenir en équilibre sur ses pattes.
12. La loutre est avant tout un animal aquatique. Elle a la tête plate, le corps long, et une queue dont la base est large et qui va en rapetissant.
13. Le caribou court en zigzag.

Pécan, le plus rapide de tous! Viens, Poisson Blanc, flèche-le, c'est toi l'archer le plus habile. »

Il tira. Le Pécan eut la queue fendue en deux par la flèche du Poisson Blanc. Il descendit alors de l'arbre en spirale, fit un saut du côté des broussailles et disparut dans la forêt épaisse.

Les poursuivants avaient perdu beaucoup de temps à encercler l'arbre. Quand ils se rendirent compte de leur erreur, ils repartirent à toute allure vers la montagne. Aux bruits que faisaient les sabots du Caribou dans sa course[14], ils surent qu'il était déjà trop tard: le Caribou et les Oiseaux d'Été étaient rendus de l'autre côté.

---

14. Le caribou a des tendons qui frottent sur l'os sésamoïde, provoquant dans sa course un cliquetis perceptible à l'oreille. Cette particularité lui permettrait de communiquer avec ses semblables.

« Chers amis, je crois personnellement qu'il devrait y avoir
six Lunes pour chaque Saison, comme j'ai six doigts aux
pieds : six Lunes pour l'Hiver, six Lunes pour l'Été. »

Cinquième épisode :
La périodicité

Les poursuivants s'arrêtèrent, désespérés, au sommet de la montagne. Voyant au loin filer le Caribou, ils lui crièrent, en désespoir de cause :

« Été et Hiver devraient pouvoir aller et venir ! »

Et l'Écho se mit à répéter d'une crête à l'autre, d'une voix forte :

« Été et Hiver devraient pouvoir aller et venir...

Aller et venir... Aller et venir... »

Les animaux entendirent l'Écho. Ils convinrent que c'était très juste, et qu'il valait mieux partager l'Été.

Ils ouvrirent le sac sans tarder, et les Oiseaux libérés s'envolèrent en même temps dans toutes les directions.

Déjà la neige fondait tout autour de la montagne, et des taches de terre brune apparaissaient ici et là.

L'Enfant se fit un arc et des flèches. Il se mit à flécher les Oiseaux d'Été un à un. Il avait cessé de pleurer.

Il y eut alors un grand rassemblement de tous les êtres vivants pour déterminer en combien de Lunes se partagerait chaque Saison[1]. On décida d'interroger les participants :

« D'après toi, Caribou, combien de Lunes devrait-on accorder à l'Hiver ?

— Autant de Lunes que j'ai de poils entre mes doigts de pieds.

— C'est trop. Si l'Hiver est trop long, il t'empêchera de creuser l'épaisse couche de neige pour que tu puisses y trouver ta nourriture. Ce serait provoquer ta mort.

— Castor, qu'en penses-tu, toi qui vis sur la terre et dans l'eau ?

— Il devrait y avoir, pour l'Hiver, autant de Lunes qu'il y a de rayures sur ma queue.

— C'est trop. Tu risquerais de rester pris très long-temps sous la glace. Tes tunnels gèleraient et tu ne

_____
1. Les Montagnais ont une division lunaire du temps, chaque période commençant par une nouvelle lune.

pourrais plus circuler pour aller chercher ta nourriture. Non ! il faut penser à autre chose.

— Toi, Geai Gris, quelle est ton opinion à ce sujet ?

— Moi, j'aimerais voir autant de Lunes que j'ai de poils...

— C'est encore trop. Il y aurait trop de Vents et ils t'emporteraient malgré toi là où tu ne veux pas aller. Tu n'aurais plus rien à manger pendant tout ce temps, et tu t'épuiserais à voler contre les longues rafales. »

Le Pic Maculé étendit ses jambes et prit la parole. Sans qu'on lui ait demandé son opinion, il déclara avec aplomb :

« Chers amis, je crois personnellement qu'il devrait y avoir six Lunes pour chaque Saison, comme j'ai six doigts de pieds : six Lunes pour l'Hiver, six Lunes pour l'Été.

— Voilà qui est très sage, répondirent les autres en chœur. Nous acceptons ta proposition. Il y aura six Lunes pour l'Hiver et six Lunes pour l'Été, comme le Pic a six doigts de pieds. »

Les animaux prirent tous le chemin du retour, satisfaits de ce partage. Ils arrivèrent au campement des deux vieilles femmes, là où ils s'étaient arrêtés en venant. Elles savaient qu'ils avaient réussi, car la neige fondait tout autour. Les entendant arriver elles se mirent à crier et à chanter au son du tambour.

« C'est l'Été ! C'est l'Été ! C'est l'Été ! Nos Petits-Fils ont réussi ! Les Oiseaux d'Été sont là ! Les Oiseaux d'Été sont là ! Ils ont réussi ! »

Quand elles apprirent qu'il y avait eu un partage et que l'Hiver reviendrait après six Lunes, elles se couchèrent par terre, sur la rive, et moururent à l'instant même. Puis elles furent emportées par les vagues.

Sixième épisode :

La métamorphose

L'Enfant ne pleurait plus. Il fléchait les Oiseaux d'Été un à un. Il en avait déjà tué plusieurs. Les Oiseaux, voyant les leur mourir à un tel rythme, firent à l'Enfant la proposition suivante :

« Viens nous rejoindre dans les airs. Viens voler avec nous. Chacun te donnera des plumes et des poils pour que tu puisses devenir Oiseau comme nous.

— J'accepte. Attendez-moi ! Je veux m'envoler avec vous dans les airs et devenir un Oiseau d'Été. »

Sans hésiter, il laissa tomber sur le sol son arc et ses flèches.

Le Vent souffla sur l'Enfant qui devint léger, léger, et tout couvert de plumes. L'Oiseau s'envola

Le Vent souffla sur l'enfant qui devint léger, léger, et tout couvert de plumes.

alors dans le ciel rejoindre les autres. Il était tout petit, et sur sa tête, comme le fait le pinson, il portait ses rayures comme un chapeau.

Ce récit est raconté aux femmes, aux hommes et aux enfants depuis les temps immémoriaux, pour que tous sachent, de génération en génération, que les choses en sont ainsi.

Motif floral gravé sur écorce de bouleau. De tels motifs peuvent être des représentations visuelles du «Mistapéo» d'une personne, c'est-à-dire l'Esprit qui la guide, la protège et lui porte bonheur pendant toute sa vie.

COMMENTAIRES
SUR LE RÉCIT

LES RÉCITS ORAUX

Une analyse des grands récits oraux des autochtones nous permet d'entrer d'emblée dans ce qu'il y a de plus fondamental pour l'être humain: ses conceptions de la vie et de la mort, ses diverses croyances religieuses, ses joies, ses peines et toutes ses préoccupations quotidiennes.

De tout temps, les humains se sont interrogés sur leur origine, leur destinée, le pourquoi de leur existence et de celle des choses qui les entourent. Les femmes et les hommes ont toujours cherché à donner un sens à leur vie. Ils ont développé des conceptions de temps, des notions d'espace. Ils ont voulu comprendre leur milieu de vie, les phénomènes naturels, les agissements des êtres. «L'histoire de la condition humaine c'est une conquête progressive de l'homme sur la nature, y compris la nature de l'homme. [1] »

Cette recherche constante et ces nombreuses interrogations ont donné naissance à des récits ou à ce qu'on appelle communément des mythes. Ces récits exclusivement oraux proviennent de l'imagination collective d'un peuple, et ils ont pour rôle, entre autres, d'expliquer aux humains l'origine, la fonction et le pourquoi de tout ce qui existe dans l'univers.

D'une façon plus précise, dans les sociétés rustiques, les mythes constituent des explications scientifiques destinées à satisfaire le besoin de rationalité caractéristique de l'intelligence humaine. Les récits oraux permettent à l'homme d'exercer une emprise globale sur son milieu en lui expliquant les principaux phénomènes qui le caractérisent. Les mythes ainsi créés font force de loi sur les plans religieux, culturel, social et scientifique, puisque tous les phénomènes y sont codifiés.

D'autre part, l'enseignement que les peuples tirent de ces récits est considéré comme immuable; rien ne pourrait, en définitive, venir le modifier d'une génération à l'autre. C'est d'ailleurs cet aspect des mythes qui les rend sécurisants pour l'esprit de l'homme.

---

1. Jean Paré, « l'Homme et la mort », entrevue avec M. Philippe Ariès, dans *Actualité*, février 1980.

Ainsi les récits oraux des Amérindiens nous apprennent que l'être humain est né du cadavre des animaux — d'où le lien étroit qui unit l'homme et l'animal —; ils nous enseignent que la foudre qui zèbre le ciel est un Oiseau-Tonnerre; que la terre fut créée par le Grand-Lièvre; que les animaux sont tous régis par un Grand Maître mi-homme, mi-animal; que les Oiseaux d'Été se trouvent à l'origine de l'alternance des saisons; etc.

Les mythes ne s'en tiennent pas aux grandes fresques: ils vont aussi dans les moindres détails et expliquent à l'homme pourquoi le castor a la queue plate, la loutre, un corps effilé, le bouleau, une écorce blanche, etc.

Motif décoratif magico-religieux gravé sur écorce de bouleau. Cette catégorie de motifs appartient habituellement à un individu en particulier, au même titre que certaines danses ou certains chants. Ils ont une valeur spirituelle que le propriétaire garde secrète. Chacun peut cependant donner son motif à un ami ou le léguer à un membre de sa famille.

LA PERCEPTION SENSORIELLE

Les mythes, s'ils sont créés par l'esprit et l'imagination des hommes, s'inspirent cependant de tout leur environnement visuel. Des phénomènes cosmiques ou naturels, la flore et la faune s'y retrouvent. Ils mettent surtout en évidence la connaissance extraordinaire que les autochtones de l'Amérique du Nord avaient acquise de leur environnement au cours des millénaires.

Pour illustrer cette grande connaissance du milieu, prenons comme exemple la fabrication des canots en écorce de bouleau, des raquettes et des toboggans. Ces moyens de transport consacrent le génie et l'industrie d'un peuple, car ils correspondent tout à fait à ses besoins. Il faut connaître à fond les propriétés du bois et de l'écorce, les exigences de l'eau et de la neige, pour en arriver à confectionner des objets aussi sophistiqués.

D'autres preuves de cette dextérité et de cette connaissance du milieu se retrouvent d'ailleurs dans de nombreuses activités humaines : la chasse, la pêche, la construction des maisons, etc. C'est en Amérique du Nord que l'art du tressage des paniers s'est le plus raffiné, et c'est sur ce continent que les archéologues ont découvert les spécimens de vannerie les plus beaux et les plus fins au monde.

Cette connaissance du milieu a permis aux hommes et aux femmes de la préhistoire de trouver, grâce à leur intelligence et à leurs sens pratique, des explications et des solutions rationnelles à leurs besoins et à leurs interrogations.

Les mythes nous révèlent que nos ancêtres ont fait preuve de courage, d'audace, d'intelligence et de créativité.

LE CANOT D'ÉCORCE

Le célèbre canot d'écorce des Amérindiens témoigne encore aujourd'hui de leur génie créateur. Sa construction exige beaucoup d'habileté et une connaissance approfondie des matériaux qui le composent.

C'est au printemps que s'effectue le prélèvement de l'écorce, au moment où la sève regénère l'arbre. Le constructeur choisit un gros bouleau au tronc rond, dépourvu de branches et de nœuds. Il l'incise alors sur toute la longueur utilisable et décolle tout doucement, à la main ou à l'aide de coins, des feuilles d'écorce le plus large possible. Ce travail est délicat, et les hommes l'exécutent avec soin. Chaque fissure ou trou dans l'écorce affaiblirait considérablement le canot; il faudrait donc les réparer par des coutures, et souvent même les doubler d'une seconde épaisseur d'écorce.

Le moule du canot est creusé à même le sol, et délimité grâce à des piquets soigneusement alignés.

L'écorce est d'abord assouplie dans l'eau, puis habilement inversée pour que sa partie intérieure brune devienne la face extérieure de l'embarcation. Cette opération vise à assurer une plus grande étanchéité au canot : la partie brune, appelée cambium, est une matière imperméabilisante.

Pendant que l'homme prélève l'écorce, construit le moule et fixe l'écorce à l'armature du canot, la femme déterre les racines d'épinettes qui serviront à coudre les joints. Les racines sont grattées, fendues en deux, enroulées en pelotons puis entreposées dans un endroit sec.

Ce sont les hommes qui fabriquent l'armature de bouleau et qui lamellent l'intérieur du canot de fines planches de cèdre. Toutes les pièces sont soit chevillées, entrées à serre ou liées avec de la racine d'épinette. En séchant, chacune des composantes se rétracte, solidifiant ainsi l'embarcation.

La dernière opération consiste à imperméabiliser les coutures et les joints en les imbibant d'un mélange de résine d'épinette et de graisse animale, de la graisse d'ours de préférence.

Il revient à la femme de décorer le canot de divers motifs. Gravés dans l'écorce entre le plat bord et la ligne de flottaison, ils consistent habituellement en des demi-cercles inversés qui symbolisent des dômes célestes. Des animaux reconnus pour leur grâce et leur rapidité — habituellement des lièvres, des perdrix, des orignaux, des canards ou des castors — ornent les extrémités du canot.

L'Amérindien croit ces représentations visuelles empreintes d'une force spirituelle équivalente ou même supérieure aux qualités que ces animaux possèdent dans la réalité. Les motifs garantissent au chasseur que son canot sera léger, résistant et rapide, et qu'il le conduira indubitablement vers des eaux poissonneuses et des territoires de chasse giboyeux.

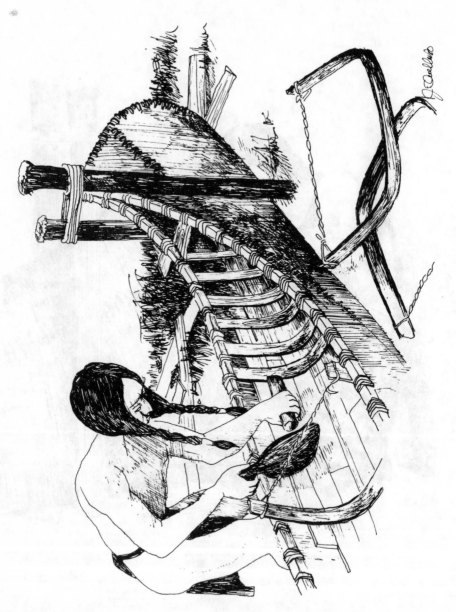

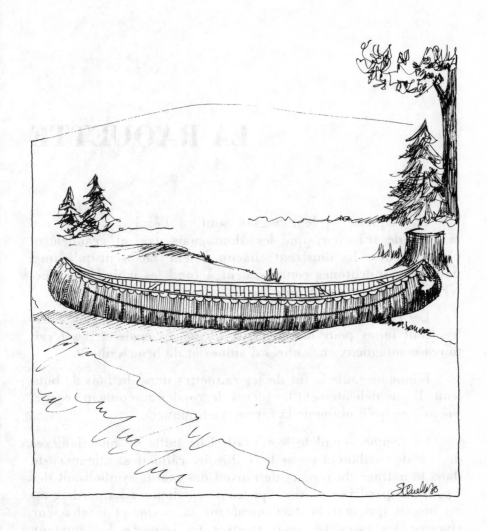

LA RAQUETTE

La raquette et le toboggan sont, à l'égal du canot, des moyens de transport que les Montagnais avaient grandement perfectionnés. Ils illustrent chacun à leur façon jusqu'à quel point les autochtones connaissaient à fond les moindres caractéristiques de leur milieu de vie.

Les raquettes montagnaises, ovales, larges et à queues courtes, sont faites pour marcher sur les neiges épaisses des territoires montagneux encombrés d'aulnes et de broussailles.

L'homme taille le fût de ses raquettes dans du bois de bouleau. Il plie délicatement les pièces dégrossies au couteau croche, jusqu'à ce qu'il obtienne la forme traditionnelle.

La femme complète le travail. Elle taille de fines lanières de cuir de caribou et tresse le treillis des raquettes. Elle incruste dans le nattage du pied et de l'orteil des motifs symbolisant des « pieds de perdrix » ou des « pistes de caribous ». La perdrix est un oiseau qui marche facilement sur la neige, et le chasseur chausse des raquettes pour trouver les sentiers des animaux qu'il recherche. Ces deux motifs lui permettront de marcher plus allègrement et de traîner ses proies sans difficulté. L'Amérindien croit que ses rêves font force de loi et qu'ils doivent se réaliser. Il attribue une grande force spirituelle aux motifs que sa femme tresse dans le treillis des raquettes, car ils proviennent de ses songes.

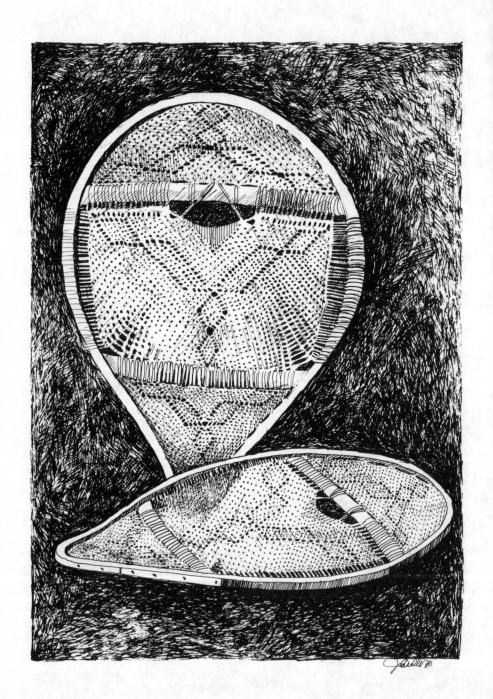

LE TOBOGGAN

Le toboggan long et étroit des Montagnais leur servait à traîner nourriture et bagages sur de longs parcours accidentés. Cette ingénieuse invention permettait à la femme ou à l'homme, ou à un petit animal domestique comme le chien, de transporter plusieurs centaines de kilos de marchandises, alors qu'ils n'auraient pas pu en porter le quart sur leur dos.

C'est l'homme qui fabrique le toboggan en taillant une ou deux planches minces et planes dans du bois de bouleau. Ces planches sont assemblées par des traverses de bois fixées solidement au moyen de babiches de caribou ou d'orignal. Une des extrémités du toboggan est recourbée vers le haut pour faciliter le glissement sur la neige.

C'est cette extrémité recourbée que les Montagnais décorent habituellement de motifs peints en rouge ou découpés dans le bois. Le chasseur s'assure ainsi que son toboggan sera toujours rempli de viande de caribou, de castor ou de porc-épic. Lorsqu'il n'est pas utilisé, le toboggan est entreposé la tête tournée vers le Sud pour ne pas offusquer le Vent du Nord et effrayer les animaux nourriciers qui vivent dans cette direction.

L'HABITATION

Les Montagnais utilisaient, selon les circonstances, différents types d'habitation adaptés aux besoins de l'heure.

Lorsque le chasseur se trouvait trop éloigné du camp de base pour y retourner tous les soirs, il se construisait un abri temporaire rudimentaire, qui consistait en quelques pièces de bois, disposées en appentis et recouvertes de branches de conifères. Un bon feu placé juste à l'ouverture apportait un certain confort au chasseur.

Les Montagnais construisaient, selon les saisons, deux autres types de maison. La première consiste en une sorte de dôme hémisphérique, formé d'une armature de branches recourbées et liées entre elles, et recouverte de peaux de caribou ou d'orignal, parfois d'écorce de bouleau.

La seconde, qu'ils utilisaient surtout l'hiver, lors de leurs nombreux déplacements sur les immenses territoires de chasse, se compose de perches qui s'entrecroisent au faîte pour lui donner une forme conique. Cette maison a l'avantage d'être légère et d'une grande mobilité. En quelques minutes, la femme peut rouler les parois en peaux ou en écorce, les charger sur son dos ou sur le toboggan, et partir sans délai vers un lieu plus giboyeux.

89

Un feu central et un épais tapis de branches de conifères procurent confort et chaleur à tout le clan. Quinze à vingt personnes peuvent habiter ces tentes.

Le cercle se trouve à la base des deux principaux types d'habitation des Montagnais. Dans la mythologie autochtone, le cercle domestique se compare à un nid d'oiseau. Il assure aux humains le confort, la chaleur et la vie. Casser ce cercle en reniant les valeurs ancestrales équivaut, dans l'esprit de l'Amérindien, à commettre un sacrilège.

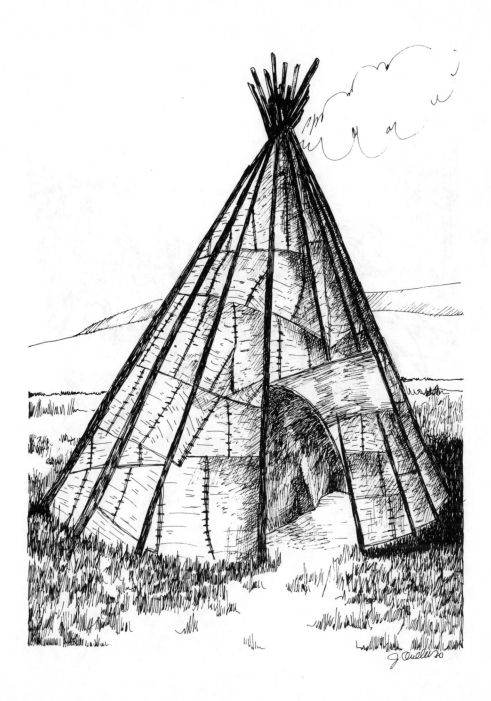

Aquarelle de P. J. Brainbrigge illustrant la ville de Québec et le bassin de la rivière Saint-Charles, tous deux vus des hauteurs de la Pointe-Lévis. L'artiste a mis en gros plan les habitations traditionnelles des Algonquins en écorce de bouleau. C'est ce type de maison, de forme conique et recouverte d'écorce de bouleau, que les Montagnais érigeaient lors de leurs arrêts temporaires. (*Archives publiques du Canada.*)

L'ÉLOQUENCE

Si, d'une part, la culture matérielle d'un peuple nous démontre jusqu'à quel point les femmes et les hommes ont appris à exploiter avec ingéniosité les ressources de la nature, la culture spirituelle, quant à elle, nous prouve sans l'ombre d'un doute que ces mêmes personnes possédaient une vie spirituelle et culturelle très importante.

Les récits, dans leur structure et par leur force d'expression, apparaissent comme des œuvres de littérature orale d'une grande finesse. C'est par leur entremise que l'homme exprime toute la richesse de sa vie intérieure.

Les voyageurs, missionnaires et explorateurs de la Nouvelle France, aux XVIe et XVIIe siècles, ont souligné à l'unanimité les qualités d'orateurs des autochtones, passés maîtres dans l'art de la parole et du geste.

Quant à eux, pour ce qui est du corps, ils n'ont rien de monstrueux ; vous y voyez des gens bien faits, d'un beau visage et d'une riche taille, forts et puissants. [...] Pour le regard de l'esprit, s'il en faut juger de leurs départements et de leurs façons de traiter avec nos Français, ils ne l'ont pas mauvaise. Vous ne voyez paraistre en leurs gestes et démarches aucune sattire ou niaiserie, mais plutost une certaine gravité et modestie naturelle, qui les rend aimables. Ils sont bien si industrieux, que de déguiser leur langage, adjoustans à chaque mot une syllabe, qui ne sert qu'à troubler l'imagination de ceux dont ils ne veulent point estre entendus [1].

Au cours de certains jeux, les enfants s'exerçaient à discourir. Devenus adultes, ceux qui s'exprimaient avec dignité, prestance, verve et sagesse s'assuraient automatiquement l'estime de leurs confrères et, par le fait même, un statut social élevé. Ces qualités leur permettaient de s'imposer parmi les leur et de se faire écouter de la collectivité. Les gens accouraient de toutes les parties du pays pour entendre leurs paroles et admirer leur art oratoire.

Toutes les occasions étaient propices à stimuler l'éloquence, et les orateurs les recherchaient constamment. Festins, cérémonies religieuses, assemblées politiques : autant de moments prévilégiés où les chefs et les sages se faisaient entendre chacun leur tour.

---

1. P. Lejeune, *Relations de ce qui s'est passé en la Nouvelle-France en l'année 1635*, p. 43.

Cette double courbe est généralement brodée sur des vêtements avec des poils de caribou ou des piquants de porc-épic. L'homme croyait pouvoir s'attirer la sympathie des animaux en portant ses plus beaux habits lors des expéditions de chasse. Il s'en revêtait par respect pour l'animal et pour lui plaire.

La légende raconte que Hyawatha, vers l'an 1450, prit plusieurs années à faire la tournée des nations iroquoïennes. Il s'arrêtait longtemps à chaque village pour discuter de l'opportunité pour ces peuples d'unifier leurs ressources culturelles, politiques et militaires.

C'est ainsi que fut créée la Fédération des nations iroquoïennes. Cette organisation éminemment démocratique devint une agora d'une grande importance.

Les orateurs amérindiens avaient souvent le loisir de haranguer leur auditoire pendant de nombreuses heures sans que celui-ci ne manifeste aucun signe d'impatience.

Les seules réactions se limitaient à des « oh! oh!» ponctuels, qui avaient pour but de stimuler celui qui leur adressait la parole.

On rapporte que, même sous les pires tortures, les prisonniers tenaient de longs discours, énumérant un à un les faits et gestes de leur vie qui était sur le point de se terminer.

Les mythes, qui participaient de cet art de la parole, étaient racontés avec animation. Chaque épisode s'enrichissait des gestes, des mimiques et des intonations du conteur.

Le soir, autour du feu, les récits devenaient des monologues animés ou de véritables pièces de théâtre qui tiraient profit de tous les arts de la scène et de l'expression.

La signification d'un grand nombre de motifs décoratifs gravés sur écorce de bouleau s'est perdue à partir du moment où ce type de contenant a été remplacé par des récipients métalliques et des chaudières de traite. C'est alors qu'a disparu une partie importante de l'imagerie populaire sacrée des autochtones.

L'ALTERNANCE

À vivre en harmonie avec la nature, et à force de l'observer minutieusement, l'homme de la préhistoire avait appris à s'alimenter, à se vêtir, à construire sa maison, à perfectionner ses connaissances technologiques ou à en inventer d'autres. La nature renferme les prototypes de nombreux gestes ou comportements qui seront empruntés puis ensuite perfectionnés par les êtres humains. Le tressage des nids d'oiseaux, l'érection des barrages des castors, les routes migratoires des caribous, les techniques de conservation alimentaire des écureuils en sont des exemples bien connus.

L'imagination de ceux qui vivaient si près de la nature a nécessairement été marquée par ses cycles et l'aternance de certains phénomènes : le jour et la nuit, la pluie et le soleil, l'hiver et l'été ; les migrations régulières des hordes de caribous, les frais saisonniers des saumons, les voiliers d'outardes qui revenaient à dates fixes.

Tout ce qui entourait la vie humaine semblait partir et revenir, ou tout au moins posséder sa contrepartie qui lui succédait en s'intégrant dans un cycle régulier.

Cette alternance était renforcée par l'environnement visuel de l'homme ; tout ce que ses yeux peuvent observer est rond : le feu sacré, le soleil qui féconde, la lune qui marque le temps, les plantes qui nourrissent, les nids des oiseaux, les arbres qui fournissent le combustible, etc.

À force de scruter ainsi la nature et les êtres qui y vivent, l'homme en vint à développer une conception de l'univers où le cercle est considéré comme une figure parfaite et sacrée.

L'homme se considérait lui-même comme un maillon dans la chaîne de la nature ; il devait donc, selon sa philosophie de vie, s'inscrire nécessairement dans un cycle et vénérer le cercle. C'est ainsi que la base de sa tente est circulaire, qu'il s'assied en cercle autour du feu lors des réunions importantes, que ses motifs décoratifs sont à base de courbes, qu'il se déplace suivant les cycles annuels des animaux migrateurs, etc.

L'alternance est à la base du récit *les Oiseaux d'Été*. Ce mythe veut expliquer aux êtres humains qu'il y a très longtemps, seul l'Hiver habitait la Terre, sauf en un lieu très éloigné où certains individus gardaient prisonniers, pour leur profit personnel, les Oiseaux d'Été.

Le récit se résume ainsi : un Enfant se trouve un jour abandonné par ses parents, sous prétexte qu'il est infesté de poux et qu'il n'y a rien à faire pour l'en débarrasser.

L'Enfant pleure de désespoir, seul sous la tente, lorsqu'il voit se dessiner sur la neige l'ombre démesurée du géant Mistapéo.

Mistapéo se fait petit, pénètre dans la tente, console l'Enfant, l'épouille et part avec lui à la recherche de la Mère et du Père, vers les territoires de la chasse aux caribous dont c'est la saison. En cours de route, le Géant garde l'Enfant au chaud dans sa grosse mitaine. Il en profite pour lui donner quelques leçons d'écologie.

Après avoir marché longtemps, Mistapéo et l'Enfant rejoignent enfin les parents qui les accueillent avec surprise.

Mistapéo ordonne au Père de lui aménager un coin de la tente, et il s'y installe en permanence.

Le Géant s'assoit sur ses jambes, comme un oiseau qui couverait un œuf dans son nid.

Tous les jours, l'Enfant accompagne son Père à la chasse aux caribous. Ils sont chanceux depuis que Mistapéo est là, et ils rapportent beaucoup de nourriture au camp.

Un jour, Mistapéo surprend, dans l'esprit de la Mère, des pensées désobligeantes à son égard. Choqué, il quitte précipitamment son nid au fond de la tente, et il jette un sort à la famille: l'Enfant, lorsqu'il constatera le départ de son Grand-Père Mistapéo, pleurera constamment de chagrin et ne pourra être consolé que le jour où on lui remettra les Oiseaux d'Été.

La prédiction du Géant se réalise, et l'Enfant se met effectivement à pleurer dès son retour.

Exaspéré par les gémissements persistants de son fils, le Père décide finalement de partir à la recherche des Oiseaux d'Été.

Commence alors la seconde partie du récit. Ce ne sont plus des humains qui évoluent, mais des animaux qui parlent.

Nous voici projetés dans un monde mythique où les êtres, le temps, les distances et les formes deviennent de moins en moins réels ou ne correspondent plus à l'image qu'on s'en fait habituellement.

L'expédition s'organise rapidement, et la Loutre, le Caribou, le Huard, le Renard et plusieurs amis partent courageusement à la conquête des Oiseaux d'Été.

La route sera longue et périlleuse. À maintes reprises, le groupe devra faire preuve d'imagination et de perspicacité pour ne pas être détourné de son but.

Arrivés à destination, les animaux élaborent une stratégie des plus astucieuses où chacun devra mettre à profit les nombreuses qualités que la nature lui a données.

Après maintes péripéties plus cocasses les unes que les autres, ils réussissent finalement à s'emparer des Oiseaux d'Été et à s'enfuir à toute vitesse avec leur précieuse charge.

Après une course effrénée à travers vallées et montagnes, plutôt que de tout perdre et par respect pour la Nature, les animaux s'arrêtent, et les deux partis négocient l'entente suivante : les Oiseaux d'Été vont aller et venir suivant un cycle régulier, de telle sorte que chacun pourra en bénéficier à part égale.

L'Enfant cesse alors de pleurer, et il se métamorphose en Oiseau d'Été.

Motif géométrique gravé sur écorce de bouleau. Les courbes et les cercles sont orientés dans toutes les directions. Les Amérindiens attachent beaucoup d'importance aux points cardinaux, car des Esprits différents y habitent et se manifestent par le vent. Celui de l'Est est un ogre qui mange tout; le vent du Nord apparaît dur et sans pitié; le vent de l'Ouest se présente comme l'ami de l'homme, et le vent du Sud apporte chaleur, douceur et abondance.

Vous avez remarqué que toute chose faite par un Indien est dans un cercle, il en est ainsi parce que le pouvoir de l'Univers agit selon des cercles et que toute chose tend à être ronde. Dans l'ancien temps, lorsque nous étions un peuple fort et heureux, tout notre pouvoir nous venait du cercle sacré de la nation, et tant qu'il ne fût pas brisé, notre peuple a prospéré. L'arbre florissant était le centre vivant du cercle et le cercle des quatre quartiers le nourrissait. L'est donnait la paix et la lumière, le sud donnait la chaleur, l'ouest donnait la pluie et le nord, par ses vents froids et puissants, donnait force et endurance. Cette connaissance nous vint de l'outre-monde avec notre religion. Tout ce que fait le pouvoir de l'Univers se fait dans un cercle. Le Ciel est rond et j'ai entendu dire que la terre est ronde comme une balle et que toutes les étoiles le sont aussi. Le vent, au sommet de sa fureur, tourbillonne. Les oiseaux font leur nid en cercle parce qu'ils ont la même religion que nous. Le soleil s'élève et redescend dans un cercle. La lune fait de même et tous deux sont ronds.

Même les saisons forment un grand cercle dans leurs changements et reviennent toujours où elles étaient. La vie de l'homme est dans un cercle de l'enfance jusqu'à l'enfance et ainsi en est-il pour chaque chose où le pouvoir se meut. Nos tipis étaient ronds comme les nids d'oiseaux et toujours disposés en cercle, le cercle de la nation, le nid de nombreux nids où le Grand Esprit nous destinait à couver nos enfants.

Paroles de Hehaka Sapa ou Black Elk
de la tribu des Oglalas
branche des Tetons Dakotas
de la grande famille des Sioux
(McLuhan 1974:48)

Motif gravé sur un panier en écorce de bouleau. Il représente un arbre puissant: ses branches et leurs extrémités rondes sont orientées vers le ciel, d'où viennent la chaleur et la fécondité.

MISTAPÉO

Dans la mythologie montagnaise, le personnage de Mistapéo est étroitement associé au rite dit de la « tente agitée », dans lequel il joue principalement le rôle d'intermédiaire entre un chaman officiant et les êtres supérieurs du monde surnaturel.

La croyance veut que ce soit au cours d'un songe que le chaman amérindien acquiert son propre Mistapéo qui sera, lors des cérémonies, le traducteur de sa pensée et de ses désirs dans l'au-delà.

Au cours des grandes famines ou dans les moments graves de sa vie, la personne qui jouit du privilège d'être investie d'un Mistapéo peut construire une petite tente cylindrique qui lui sert de sanctuaire. Elle y pénètre pour officier en se concentrant sur elle-même, puis en priant Mistapéo de communiquer avec elle et de venir cohabiter dans la tente sacrée.

C'est Mistapéo qui établira le contact entre l'homme et les Esprits du monde surnaturel, car il est le seul à comprendre et à intepréter le langage des hommes qui sont en bas et des dieux qui sont en haut.

Lorsque la communication s'établit, la tente vibre et s'agite furieusement. Dans un langage incohérent, souvent en chantant au son d'un tambour, le chaman interroge les Esprits, afin qu'ils lui révèlent quelle direction les chasseurs devront prendre pour trouver et tuer les animaux, qui sont à la base de son régime alimentaire et essentiels à la survie de sa famille ou de son peuple.

Mistapéo, tel qu'il nous apparaît dans le récit *les Oiseaux d'Été*, est un être mythique bienfaisant qui joue le rôle de médiateur entre les êtres humains. Il vient sur la terre pour rétablir la paix entre les humains et assurer l'équilibre de la nature.

On présume que l'Enfant, personnage principal du récit *les Oiseaux d'Été*, possède un Mistapéo bienfaisant très puissant qui habite le Sud. Mistapéo viendra à son secours quand, abandonné, l'Enfant aura très faim et sera sur le point de geler au fond de la tente.

Tente tremblante en écorce de bouleau.

BIBLIOGRAPHIE

Assiniwi, Bernard, *Survie en forêt*, Montréal, Leméac, 1975, 170 p., ill.

Angers, Lorenzo, *Chicoutimi, poste de traite 1676-1856*. Préface de Félix-Antoine Savard, Montréal, Leméac, 1971, 123 p., ill.

Bouchard, Serge, *Chroniques de chasse d'un Montagnais de Mingan/Mathieu Mestokosho; traduites par Georges Mestokosho; écrites et éditées par Serge Bouchard*, Québec, ministère des Affaires culturelles, 1977, 132 p., ill. («Civilisation du Québec», 20; série Cultures amérindiennes.)

Bouchard, Serge et José Mailhot, «Structure du lexique: les animaux indiens», dans *Recherches amérindiennes au Québec*, vol. III, n°s 1-2, p. 39-69.

La Revue Impérial Oil, *Canada 1812-1871. Période de formation*. Illustrations de C. W. Jefferys, Montréal, juillet 1967, vol. 51, n° 2, 96 p.

LEFEBVRE, Madeleine, *Tshakapesh: récits montagnais — naskapi*, Québec, ministère des Affaires culturelles, 1971, 171 p., ill. («Civilisation du Québec», 4; série Cultures amérindiennes.)

LE JEUNE, Paul, *Relations des Jésuites 1611-1636*, tome 1, Montréal, Éditions du jour, 1972, [401 p.].

LÉVI-STRAUSS, Claude, *Myth and meaning: five talks for radio*, Toronto/Buffalo, University of Toronto Press, 1978, 54 p. (Massey lectures, 1977.)

MCLUHAN, T. C., *Pieds nus sur la terre sacrée*, Paris, Denoël-Gonthier, 1974, 214 p., ill.

NOËL, Michel, *Art décoratif et vestimentaire des Amérindiens du Québec, XVIe et XVIIe siècles*, Montréal, Leméac, 1979, 194 p., ill.

NOËL, Michel et Cyril SIMARD, *Artisanat québécois, tome 3: Indiens et Esquimaux*, Montréal, Éditions de l'Homme, 1977.

PARÉ, Jean, «l'Homme et la mort», entrevue avec M. Philippe Ariès, dans la revue *Actualité*, Montréal, février 1980.

PROVENCHER, Paul, *Mes observations sur les mammifères*, Montréal, Éditions de l'Homme, 1976, 158 p., ill.

— *Mes observations sur les poissons*, Montréal, Éditions de l'Homme, 1976, 115 p., ill.

ROGERS, E. S., «Indians of the Subarctic», dans *Algonkians of the Eastern Woodlands*, Toronto, Royal Ontario Museum, s.d., 16 p.

ROUSSEAU, Jacques, «l'Origine du motif de la double courbe dans l'art algonquin», dans *Anthropologica*, Ottawa, 1956, n° 2.

SAGMAI, *À la file indienne*, Québec, Éditeur officiel du Québec, 1979, 27 p.

SAVARD, Rémi, *Carcajou et le sens du monde ; récits montagnais-naskapi*, troisième édition, revue et corrigée, Québec, Éditeur officiel du Québec, 141 p.

— *Destins d'Amérique. Les autochtones et nous*, Montréal, Hexagone, 1979, 189 p., ill.

SPECK, Frank Gouldsmith, *Naskapi, the savage hunters of the Labrador peninsula*, nouvelle édition, s.l., University of Oklahoma Press, 1977.

— *The double-curve motive in northeastern algonkian art*, Ottawa, Govt. Print Office, 1914, 17 p., ill. (Canada, Commission géologique. Memoir 42. Anthropological series, 1.)

— *Thème décoratif de la double courbe dans l'art des Algonquins du Nord-Est*, Ottawa, Imprimerie du Gouvernement, 1915, 21 p., ill. (Canada, Commission géologique. Mémoire, 42. Série anthropologique, 1.)

TABLE DES ILLUSTRATIONS

ACHEVÉ D'IMPRIMER SUR
LES PRESSES DES ATELIERS
MARQUIS DE MONTMAGNY
LE 4 SEPTEMBRE 1981 POUR
LES ÉDITIONS LEMÉAC INC.